Las Apariciones de la Virgen de Guadalupe

Texto e ilustraciones de Bruno López

Editorial TRILLAS

México, Argentina, España,
Colombia, Puerto Rico, Venezuela

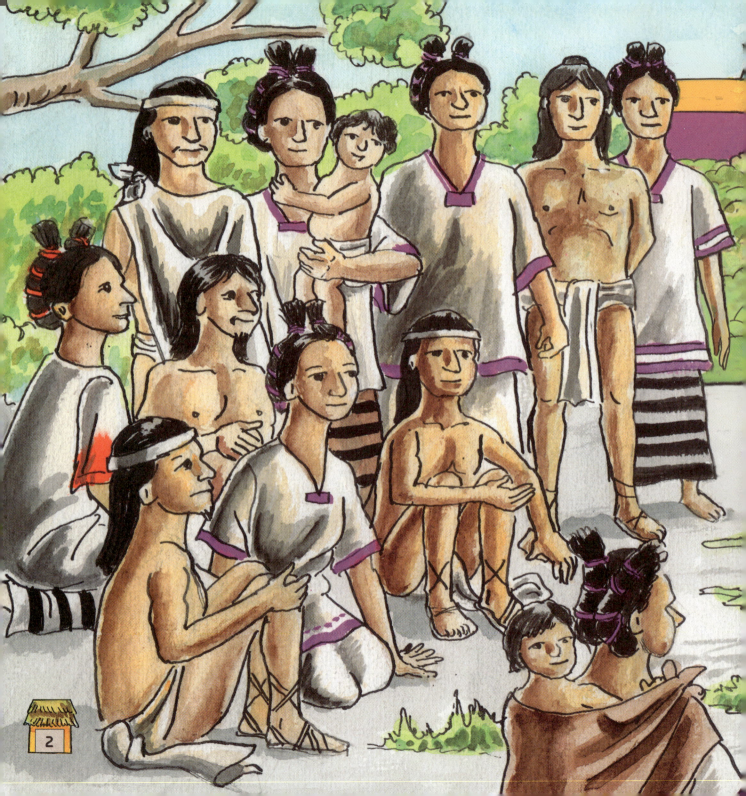

La historia comienza en 1531, después de la caída de Tenochtitlan, cuando los misioneros franciscanos y dominicos recorrían las numerosas poblaciones de los alrededores de la ciudad cumpliendo el mandato de la reina Isabel la Católica, quien anhelaba la conversión de los indígenas al cristianismo por medio de la evangelización.

Esto sucedió con la llegada de los tres primeros franciscanos, seguida por la misión de los 12 evangelizadores y posteriormente con dominicos y agustinos.

En el poblado de Tulpetlac —cerca de Cuautitlán— vivía un macehuatl, hombre viudo de clase humilde llamado Juan Diego, con su tío Juan Bernardino.

SÁBADO 9 DE DICIEMBRE

Muy de mañana, al atravesar el cerro del Tepeayacatl o Tepeyac, camino a la parroquia de Santiago Tlatelolco, Juan Diego tuvo la impresión de escuchar hermosos cantos de aves, razón por la cual se detuvo y al contemplar un brillante resplandor que bañaba las peñas y piedras del lugar, quedó extasiado. En medio de ese resplandor vio a una hermosa señora con las manos sobre el pecho y un manto que le cubría de la cabeza a los pies.

Ella sonrió y le dijo:
—Sábete, amadísimo hijo, que yo soy la siempre Virgen Santa María, madre del verdadero Dios, y deseo vivamente que en este lugar se me construya un templo, para poder dar mi protección y mi amor de Madre a ti y a todos los moradores de esta tierra. Ve pues a la casa del obispo, y cuéntale todo cuanto has visto y oído.

Sin dudar un instante, Juan Diego fue a cumplir con el encargo de la hermosa señora. Pero al contárselo a fray Juan de Zumárraga, primer obispo de México, éste no creyó las palabras que le tradujo un intérprete, dado que Juan Diego hablaba náhuatl, por lo que el obispo le dijo:

—Será otro día, hijo mío, examinaré lo que has venido a contarme.

Juan Diego regresó triste al lugar donde se le apareció la Virgen. Le contó de su fracaso y le rogó que mandara a otra persona con mejores cualidades que las suyas. Sin embargo nuestra señora le mandó regresar a fin de que repitiera su mensaje al señor obispo.

DOMINGO 10 DE DICIEMBRE

Así pues, Juan Diego fue a visitar nuevamente al señor obispo, quien ante la insistencia del buen hombre, le pidió una señal como prueba de lo que le contaba. Puesto que Juan Diego no tenía ninguna prueba, regresó más triste de lo que estaba a contarle a la Virgen su segundo fracaso. La respuesta de la Virgen fue que al día siguiente le daría la señal que le solicitaban.

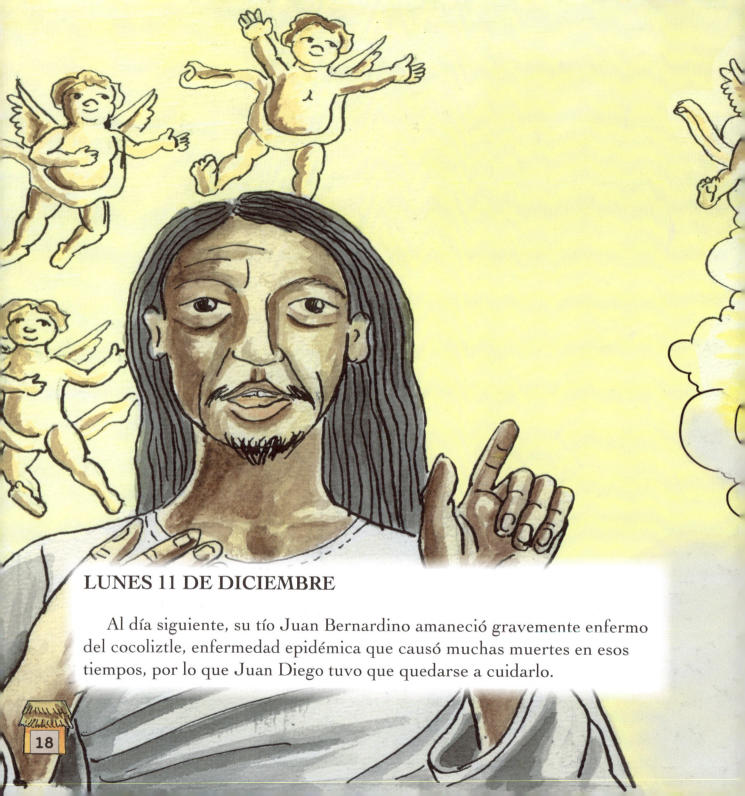

LUNES 11 DE DICIEMBRE

Al día siguiente, su tío Juan Bernardino amaneció gravemente enfermo del cocoliztle, enfermedad epidémica que causó muchas muertes en esos tiempos, por lo que Juan Diego tuvo que quedarse a cuidarlo.

MARTES 12 DE DICIEMBRE

Muy de mañana, Juan Diego se encaminó rumbo a la parroquia de Santiago Tlatelolco en busca de un sacerdote, debido a que su tío seguía muy grave. En el camino, ante el temor de encontrarse con la Virgen y no disponer de tiempo para detenerse, decidió tomar un sendero por el oriente del Tepeyac, no obstante, resultó en vano ya que la Virgen salió a su encuentro sonriéndole amorosamente.

Juan Diego, totalmente sorprendido y tartamudeando, le pidió disculpas humildemente por no haber cumplido con su petición de presentarse ante ella el día anterior. La Virgen lo tranquilizó. Además, le dijo que su tío Juan Bernardino ya estaba sano y que no debía preocuparse por él. Luego, le pidió que subiera a lo alto del monte para que recogiera las flores que ahí se encontraban.

Al llegar a la cima, Juan Diego se quedó asombrado al ver el lugar lleno de bellas y olorosas flores, ya que en ese lugar nunca antes hubo. Enseguida extendió su ayate de vestir, tejido con fibra de maguey, común entre los macehuales, y lo llenó con aquellas flores; luego regresó con la Santa Madre y le mostró las flores. La Virgen las tomó entre sus manos, las bendijo y las devolvió al ayate de Juan Diego para que éste se las mostrara al señor obispo como señal de su petición.

Acto seguido se dirigió a ver al obispo. Después de una larga espera, Juan Diego fue recibido. Cuando estuvo frente al obispo, soltó las puntas de su ayate. Las flores cayeron al piso, de tal manera que el obispo y quienes se encontraban presentes se quedaron asombrados, pero su admiración fue aún más grande cuando vieron estampada en el ayate la imagen de la mismísima Virgen María, madre de Dios, por lo que todos cayeron postrados ante ella.

Al día siguiente el propio fray Juan de Zumárraga fue al lugar donde la Virgen pidió que se le construyera un templo. Mientras tanto, los mensajeros del obispo fueron a visitar al tío de Juan Diego, a quien encontraron sano y feliz, pues les contó que a él también lo había visitado la Santa Madre, quien lo sanó milagrosamente.

La Virgen de Guadalupe le reveló a Juan Diego que a ella se le nombrara Tecantlanopeuh que, del náhuatl, quiere decir: "la que viene volando de la luz como el águila de fuego". Pero como los mensajeros no hablaban náhuatl, la nombraron Nuestra Señora de Guadalupe.

El primer sitio donde fue colocada la imagen de la Virgen fue la capilla personal del obispo fray Juan de Zumárraga. Posteriormente la trasladaron a la iglesia mayor, edificada sobre el templo principal de Tenochtitlan. Más tarde la cambiaron a la ermita situada en el cerro del Tepeyac.

Se dice que fue acompañada por una gran procesión, en la que participaron los gobernantes de Nueva España junto con todos los señores nobles y gente proveniente de diversos lugares. La calzada que salía de México hasta el Tepeyac (hoy glorieta de Peralvillo) lucía completamente abarrotada por la multitud. Esta calzada era el único camino en medio del gran lago, por lo que al paso de la imagen, un grupo de indígenas en canoas la saludaron con disparos de flechas al aire.

Cuentan que una de estas flechas se clavó en el cuello de un infortunado indígena quien murió al instante. Entonces llevaron el cuerpo y lo tendieron delante de la imagen de la Virgen, le sacaron la flecha y el indígena resucitó. Este hecho singular ocurrió a la vista de toda la gente, lo cual acrecentó el fervor de los devotos en Nueva España.

La aparición de la Guadalupana está íntimamente ligada a la historia de México, y el inicio de su culto se relaciona con el surgimiento de este país como nación, lo cual tiene mucho que ver con la formación de una conciencia nacional. Cuando Tenochtitlan fue devastada por los conquistadores españoles, la cultura de los conquistados comenzó a sustituirse por medio del evangelio.

Una vez que sus instituciones y sus dioses fueron destruidos, los sobrevivientes se transformaron en indios sin esperanza, mutilados espiritual y materialmente. Con la aparición de la Virgen de Guadalupe el pueblo de indios sin esperanza adquirió una nueva fe en el futuro. Así, al recibir su gran amor y su protección maternal, adquirieron una nueva fe y esperanza.

De esta manera, la Virgen representa la conciencia y la esperanza que forjaron nuestra nacionalidad como mexicanos.